THIS BOOK BELONGS TO:

Step By Step Easter Egg

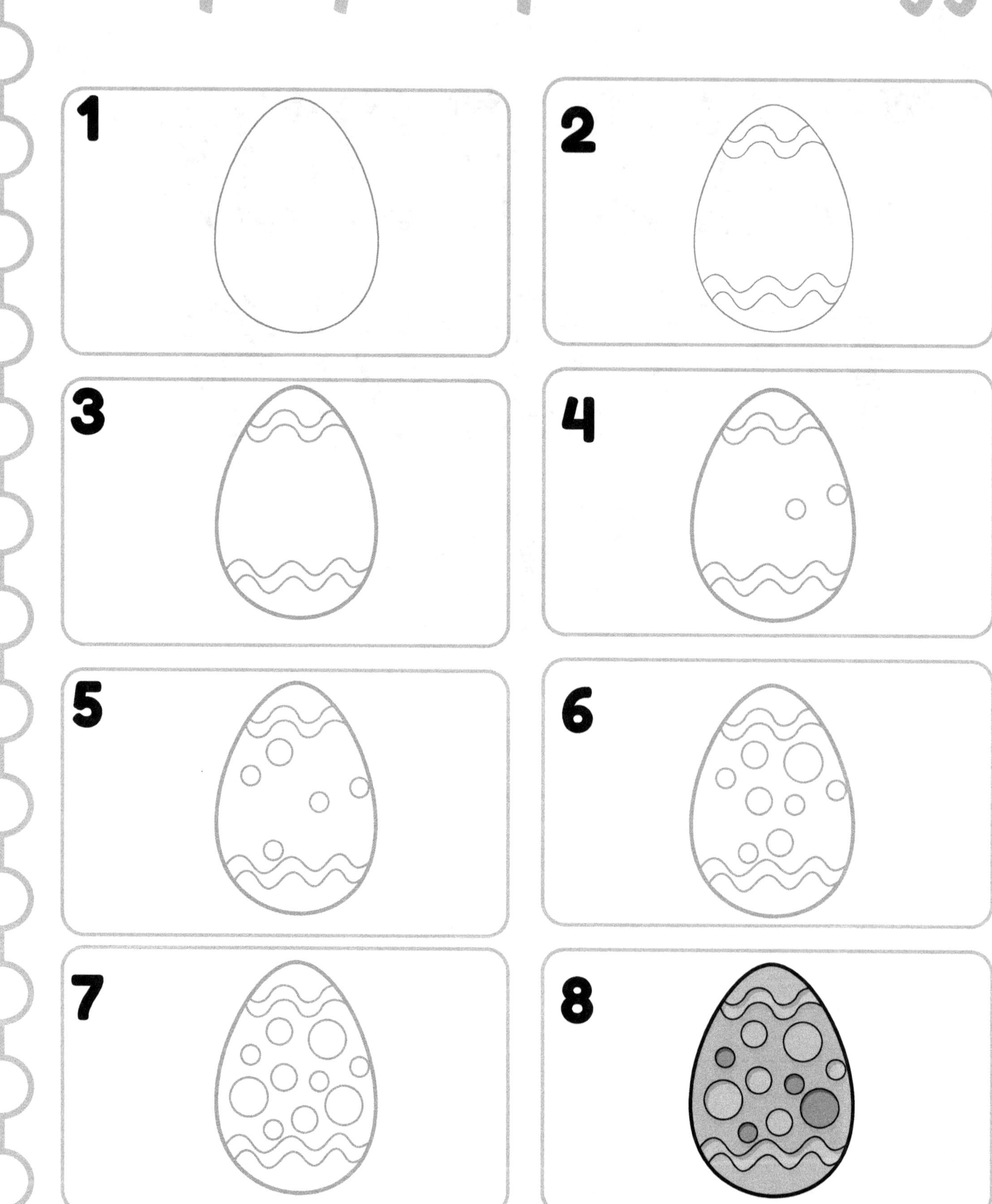

TEST PAGE

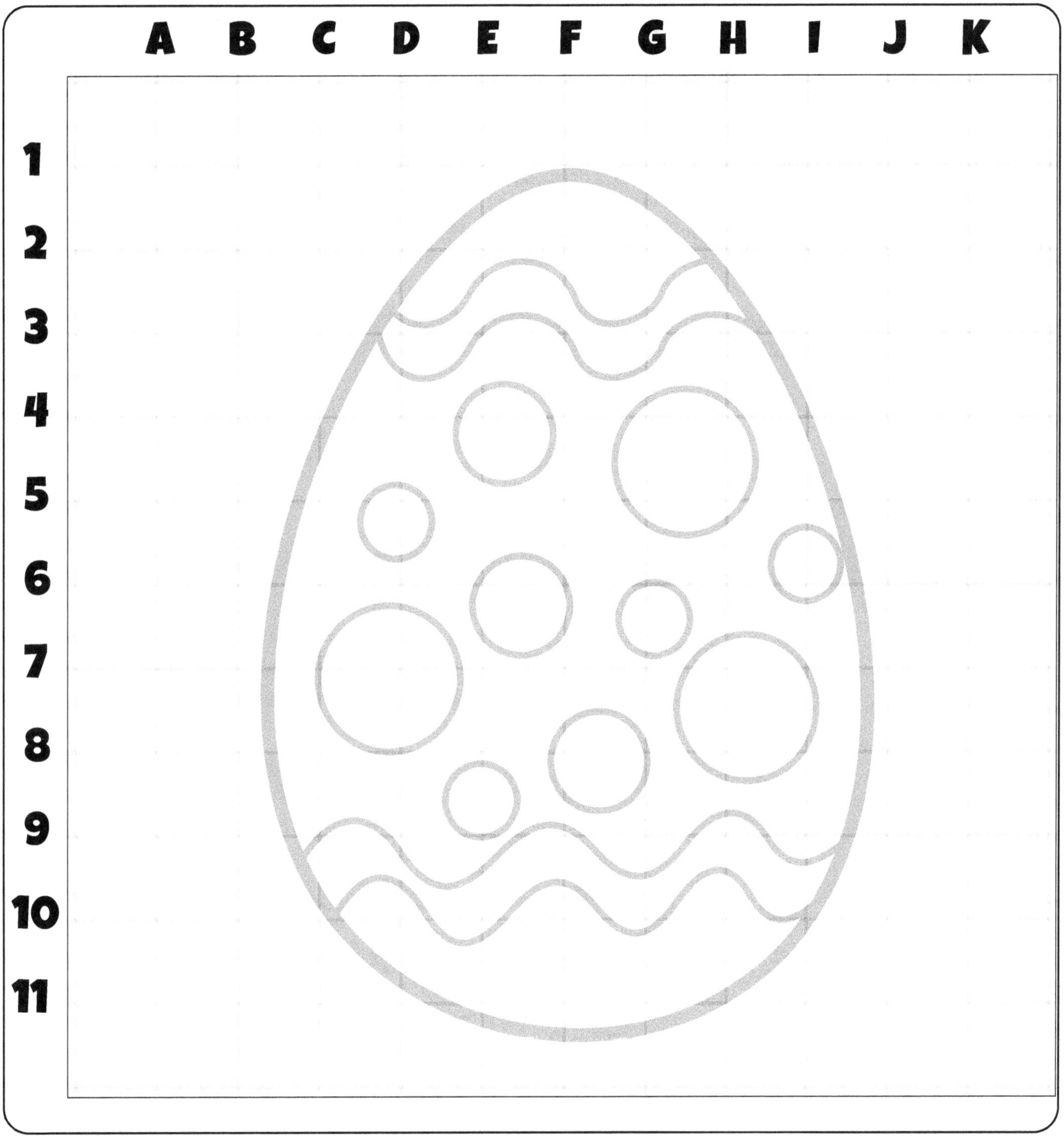

A B C D E F G H I J K

1
2
3
4
5
6
7
8
9
10
11

YOUR TURN

	A	B	C	D	E	F	G	H	I	J	K
1											
2											
3											
4											
5											
6											
7											
8											
9											
10											
11											

Step by step easter egg

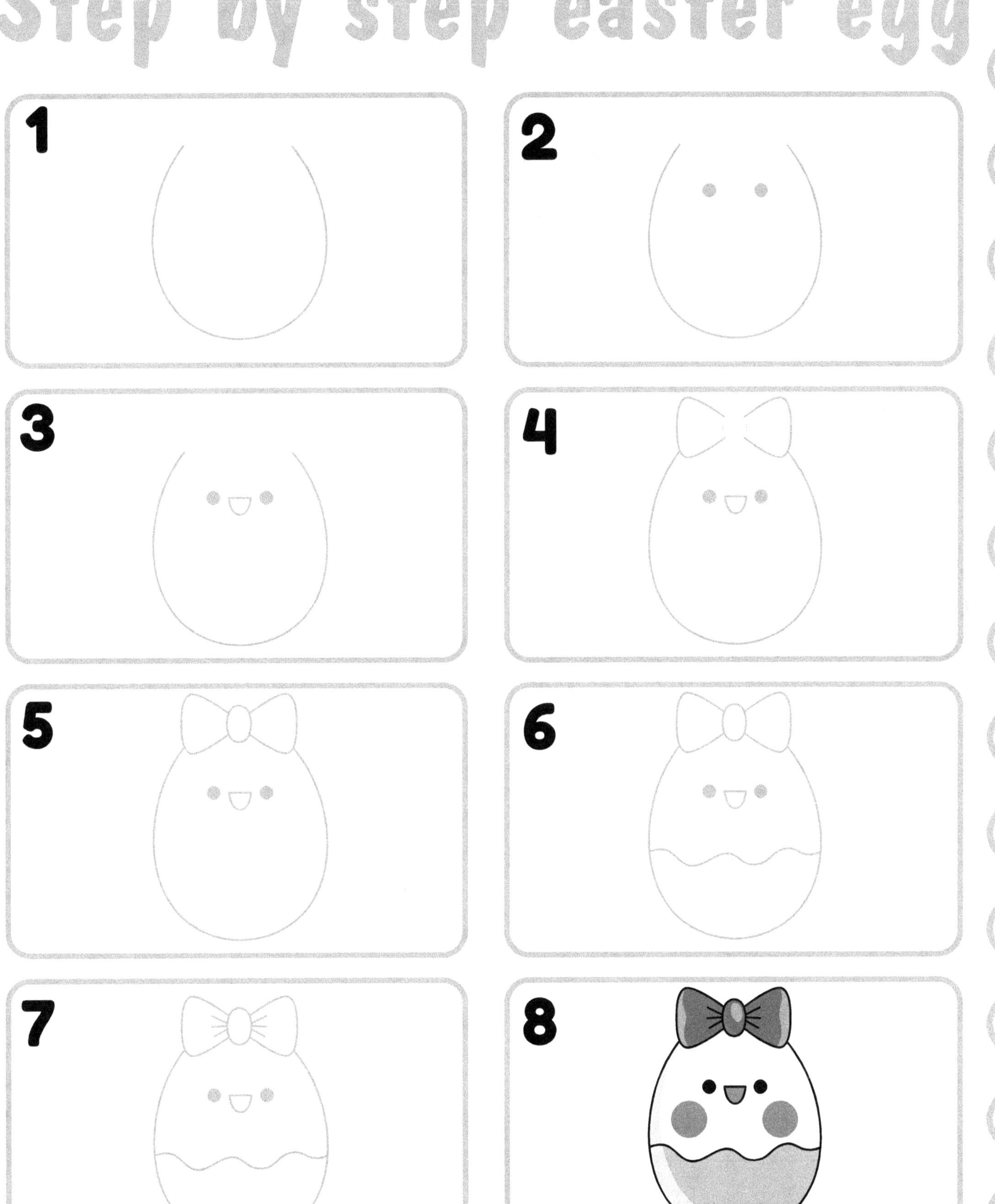

TEST PAGE

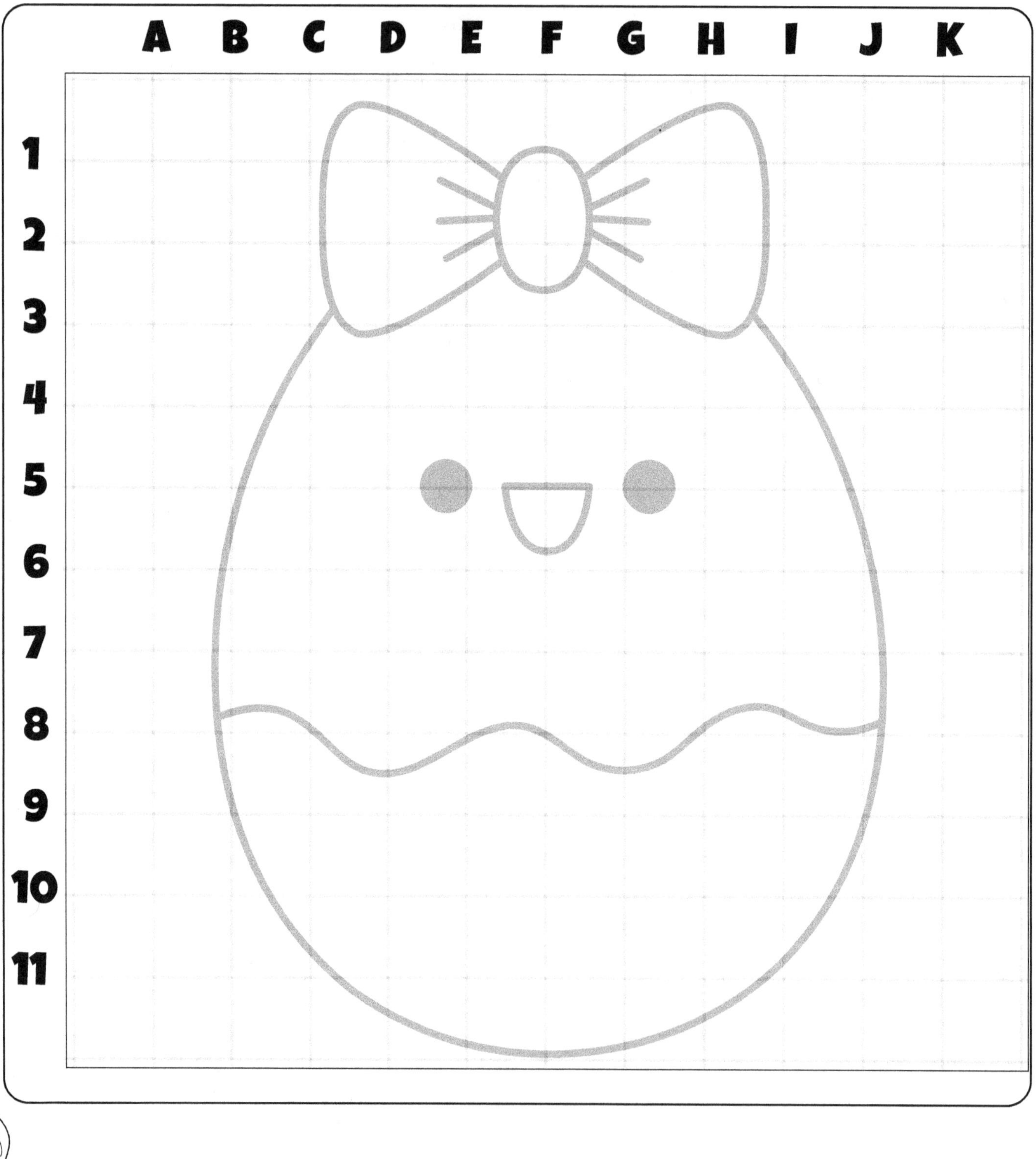

YOUR TURN

	A	B	C	D	E	F	G	H	I	J	K
1											
2											
3											
4											
5											
6											
7											
8											
9											
10											
11											

Step by step
Easter Bunny Basket

TEST PAGE

A B C D E F G H I J K

1
2
3
4
5
6
7
8
9
10
11

YOUR TURN

	A	B	C	D	E	F	G	H	I	J	K
1											
2											
3											
4											
5											
6											
7											
8											
9											
10											
11											

Step by step Bunny

1

2

3

4

5

6

7

8

TEST PAGE

YOUR TURN

	A	B	C	D	E	F	G	H	I	J	K
1											
2											
3											
4											
5											
6											
7											
8											
9											
10											
11											

How to draw a rabbit

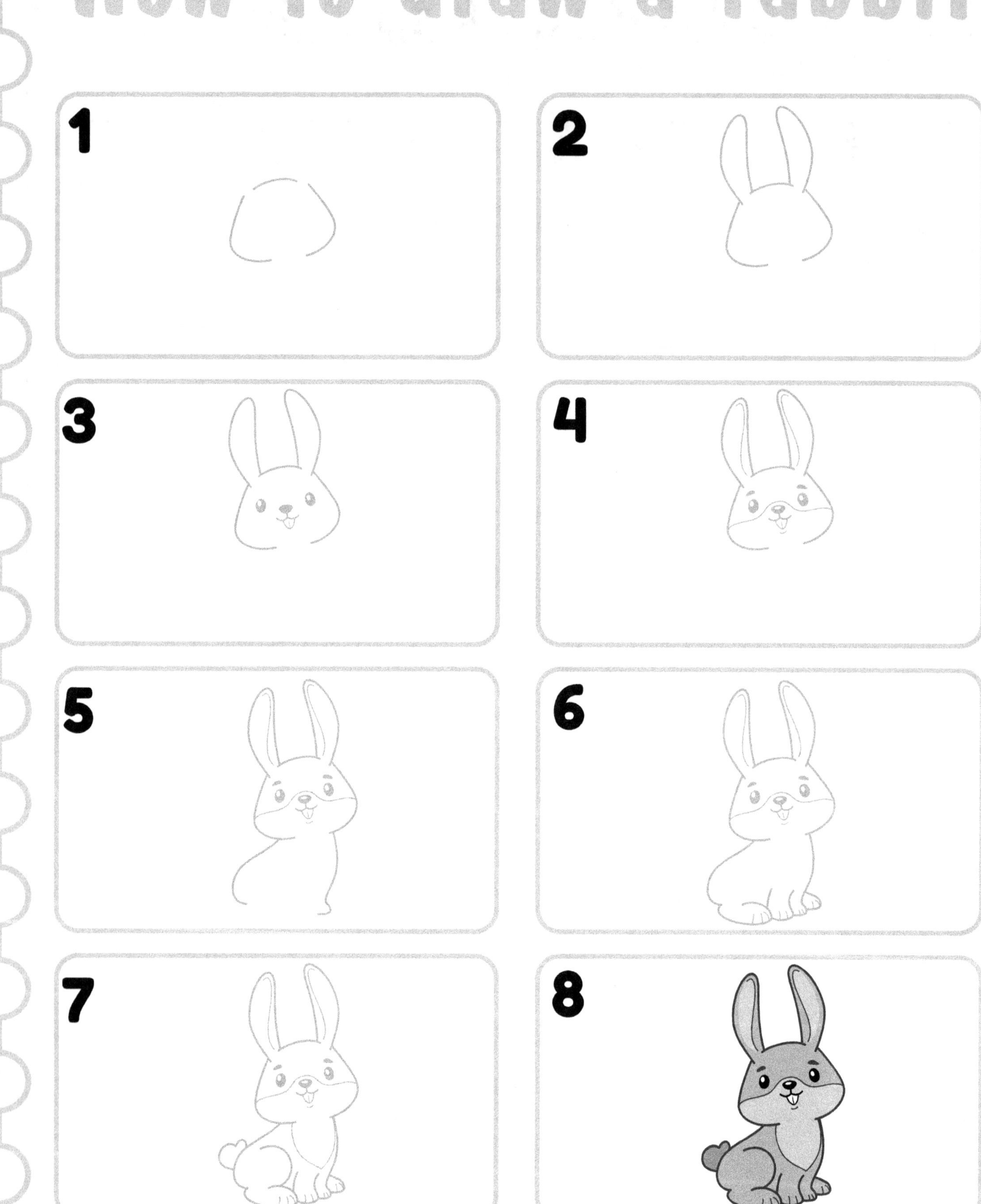

TEST PAGE

A B C D E F G H I J K

1
2
3
4
5
6
7
8
9
10
11

YOUR TURN

	A	B	C	D	E	F	G	H	I	J	K
1											
2											
3											
4											
5											
6											
7											
8											
9											
10											
11											

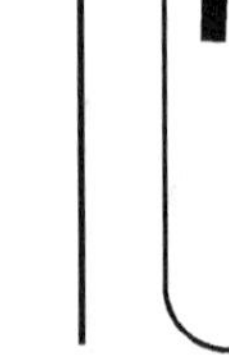

Step by step Duck

TEST PAGE

A B C D E F G H I J K

1
2
3
4
5
6
7
8
9
10
11

YOUR TURN

	A	B	C	D	E	F	G	H	I	J	K
1											
2											
3											
4											
5											
6											
7											
8											
9											
10											
11											

DOT TO DOT

Step by step Dragonfly

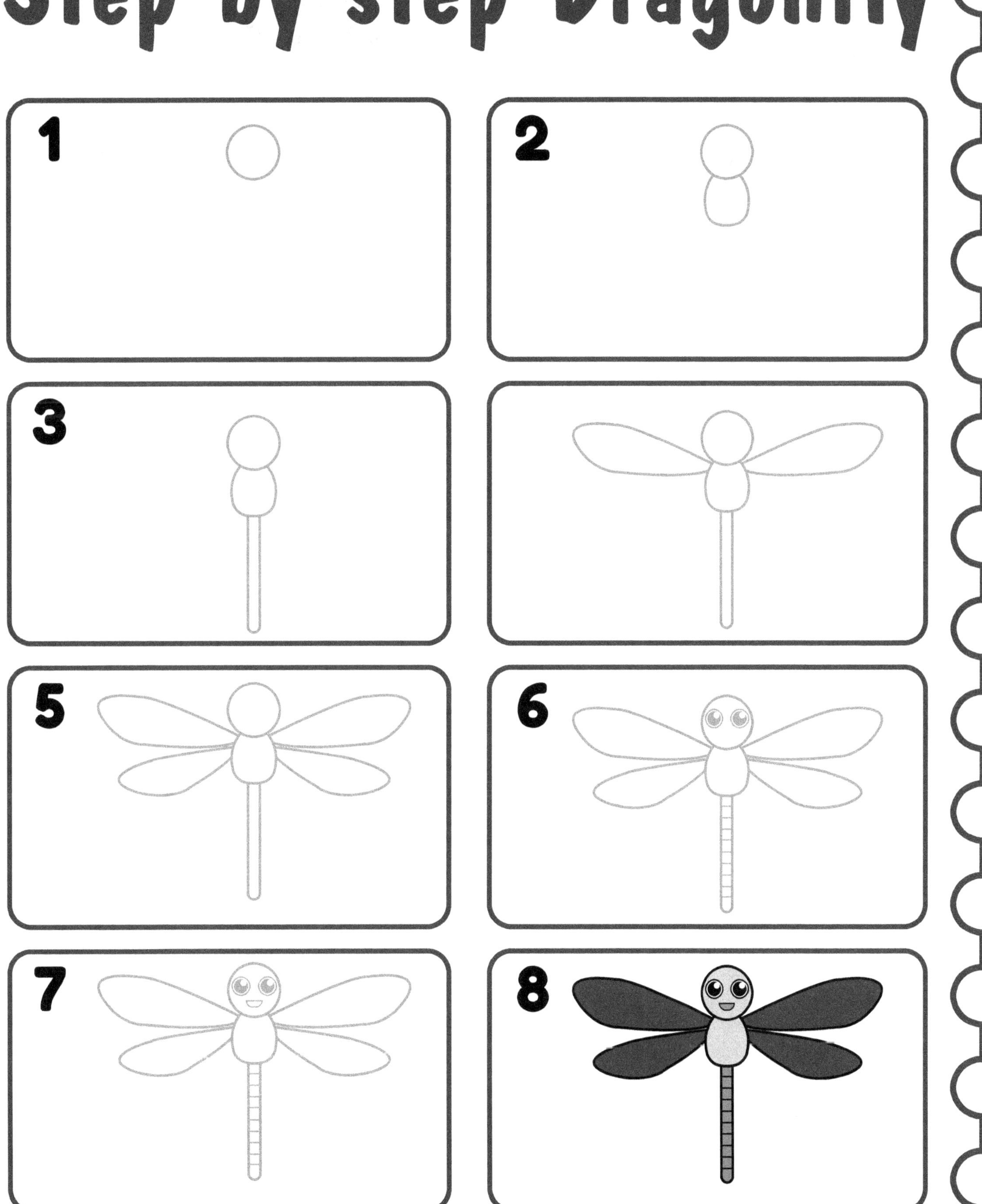

TEST PAGE

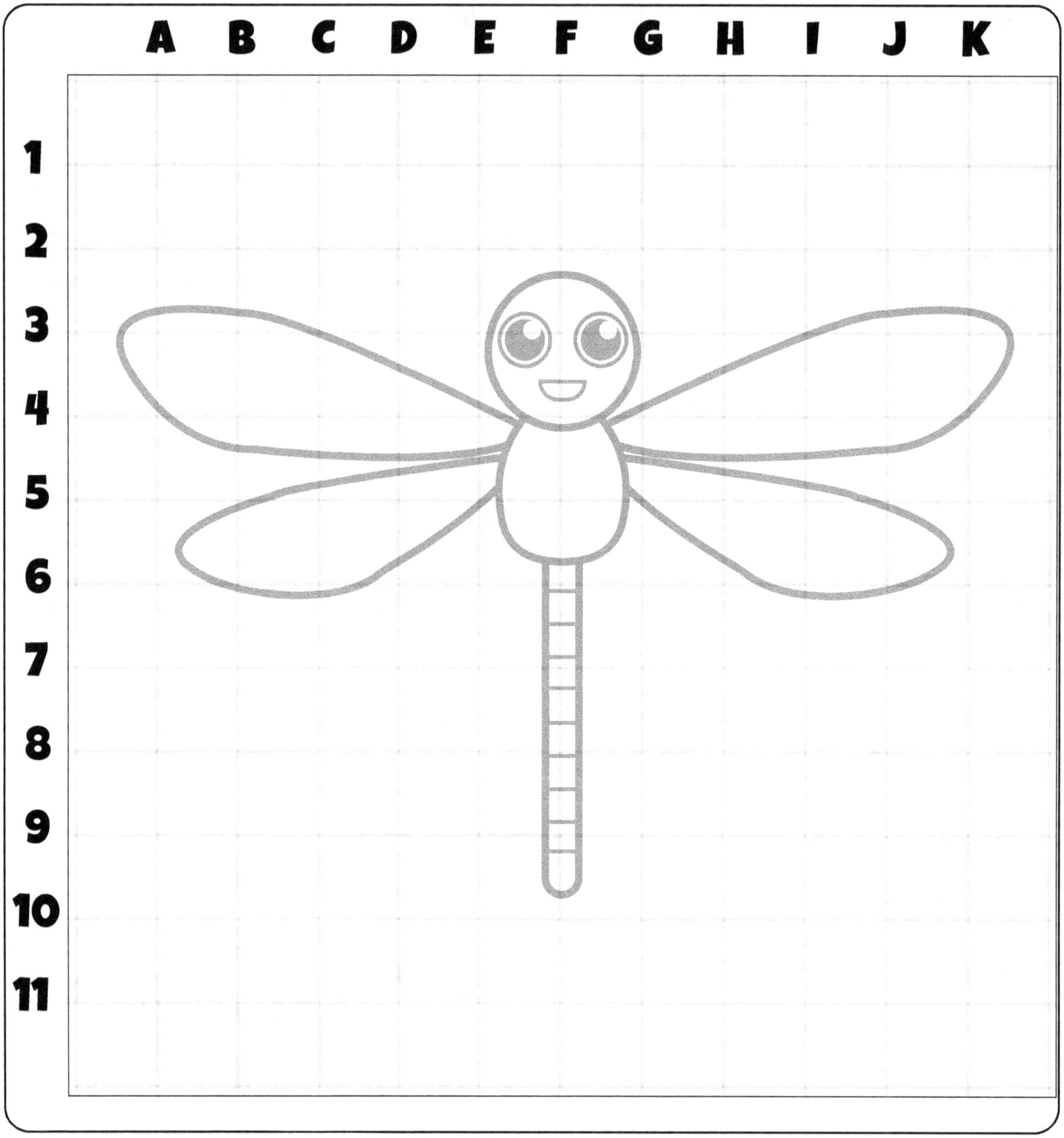

A B C D E F G H I J K

1 2 3 4 5 6 7 8 9 10 11

YOUR TURN

	A	B	C	D	E	F	G	H	I	J	K
1											
2											
3											
4											
5											
6											
7											
8											
9											
10											
11											

Step by step Butterfly

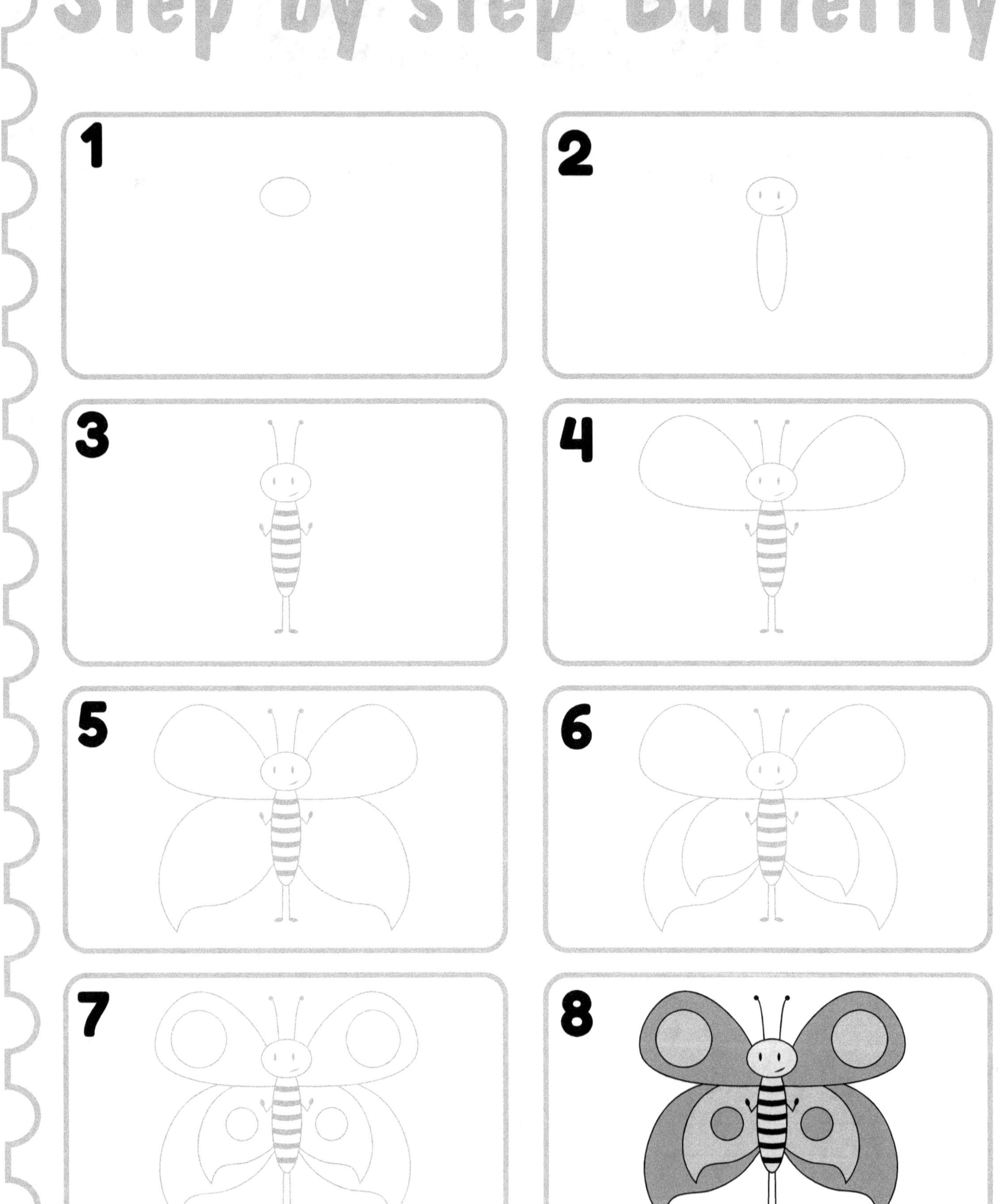

TEST PAGE

A B C D E F G H I J K

1 2 3 4 5 6 7 8 9 10 11

YOUR TURN

	A	B	C	D	E	F	G	H	I	J	K
1											
2											
3											
4											
5											
6											
7											
8											
9											
10											
11											

Step by step Panda

TEST PAGE

A B C D E F G H I J K

1
2
3
4
5
6
7
8
9
10
11

YOUR TURN

	A	B	C	D	E	F	G	H	I	J	K
1											
2											
3											
4											
5											
6											
7											
8											
9											
10											
11											

Complete this picture

How to draw a Bee

TEST PAGE

YOUR TURN

	A	B	C	D	E	F	G	H	I	J	K
1											
2											
3											
4											
5											
6											
7											
8											
9											
10											
11											

Step by step Balloon

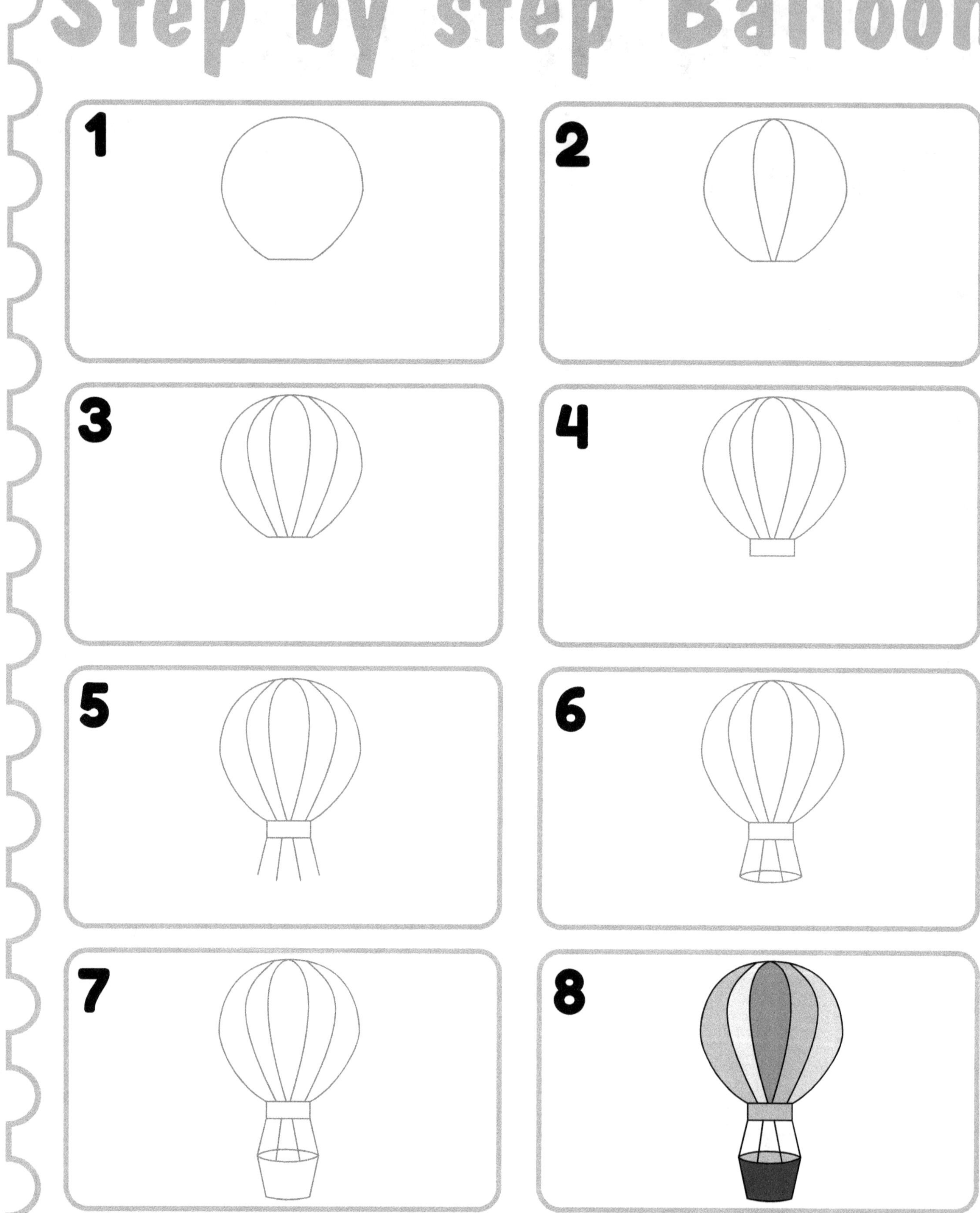

TEST PAGE

A B C D E F G H I J K

1
2
3
4
5
6
7
8
9
10
11

YOUR TURN

	A	B	C	D	E	F	G	H	I	J	K
1											
2											
3											
4											
5											
6											
7											
8											
9											
10											
11											

Step by step Drum

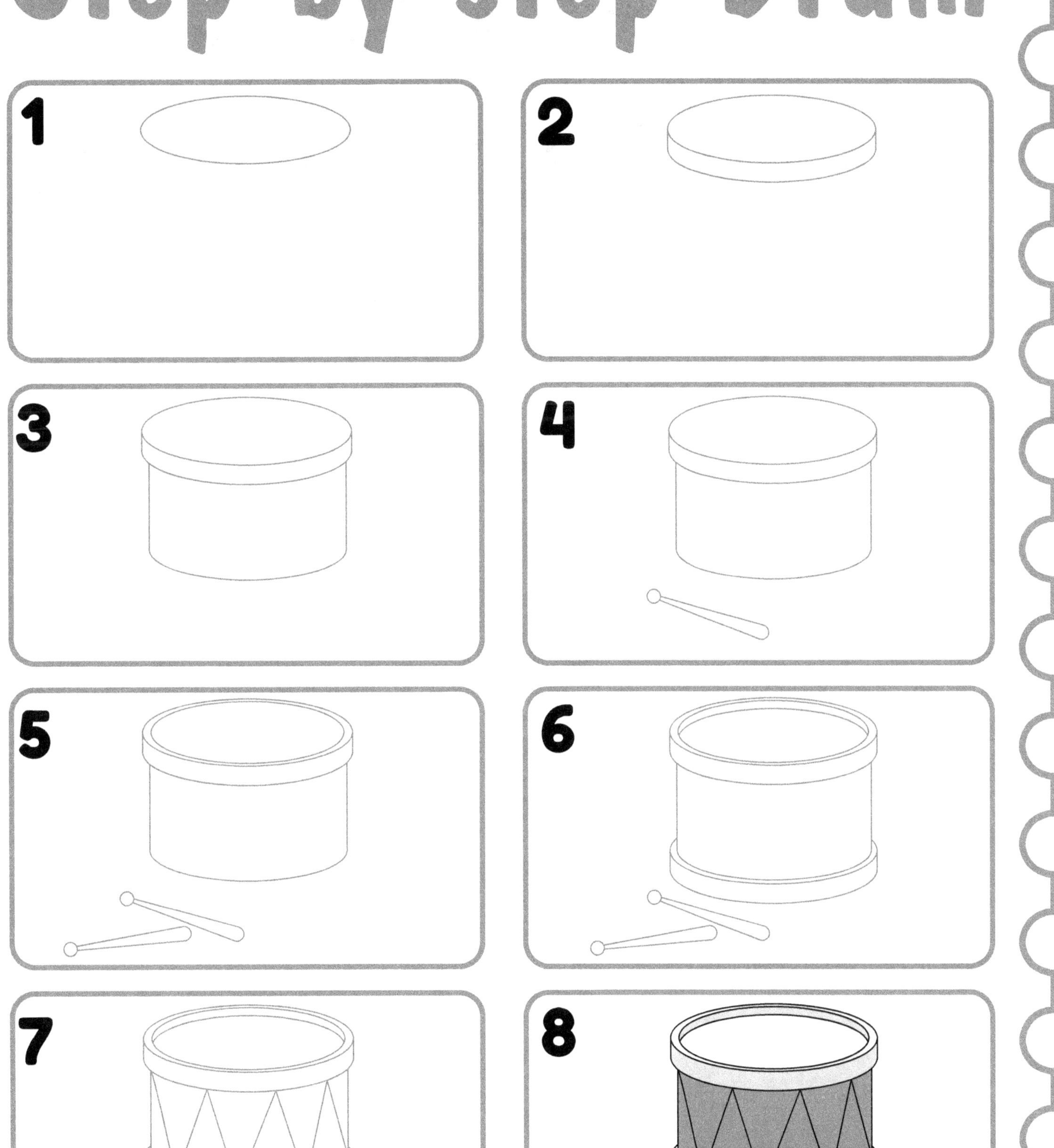

TEST PAGE

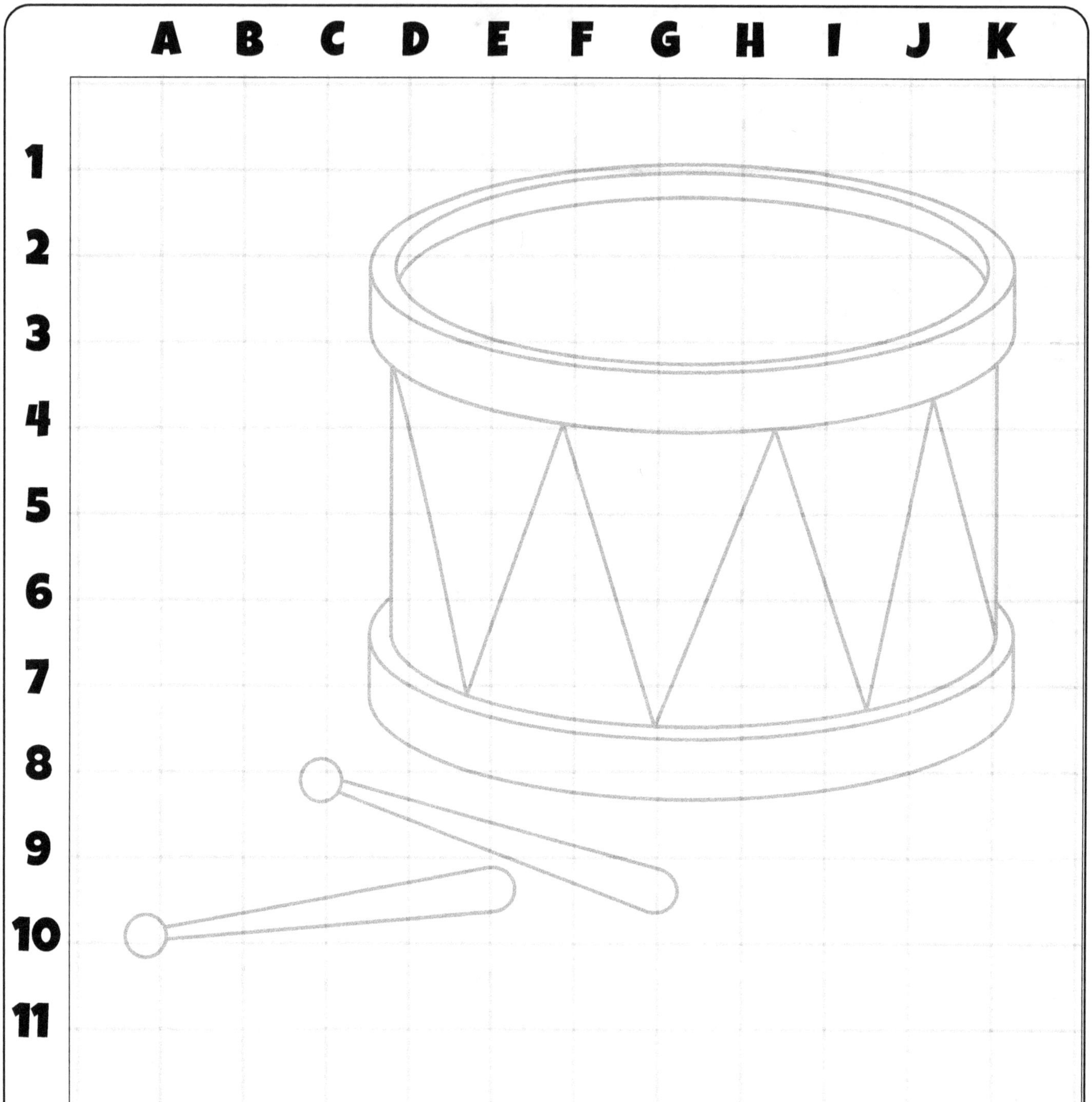

A B C D E F G H I J K

1 2 3 4 5 6 7 8 9 10 11

YOUR TURN

	A	B	C	D	E	F	G	H	I	J	K
1											
2											
3											
4											
5											
6											
7											
8											
9											
10											
11											

Complete and Color this picture

Step by step Chicken

TEST PAGE

A B C D E F G H I J K

1 2 3 4 5 6 7 8 9 10 11

YOUR TURN

	A	B	C	D	E	F	G	H	I	J	K
1											
2											
3											
4											
5											
6											
7											
8											
9											
10											
11											

Step by step Dog

1

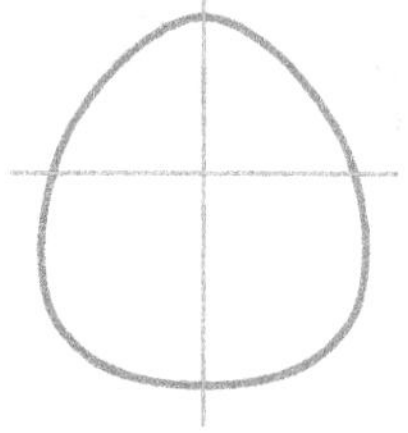

2

3

4

5

6

7

8

TEST PAGE

A B C D E F G H I J K

1
2
3
4
5
6
7
8
9
10
11

YOUR TURN

	A	B	C	D	E	F	G	H	I	J	K
1											
2											
3											
4											
5											
6											
7											
8											
9											
10											
11											

How to draw a bear

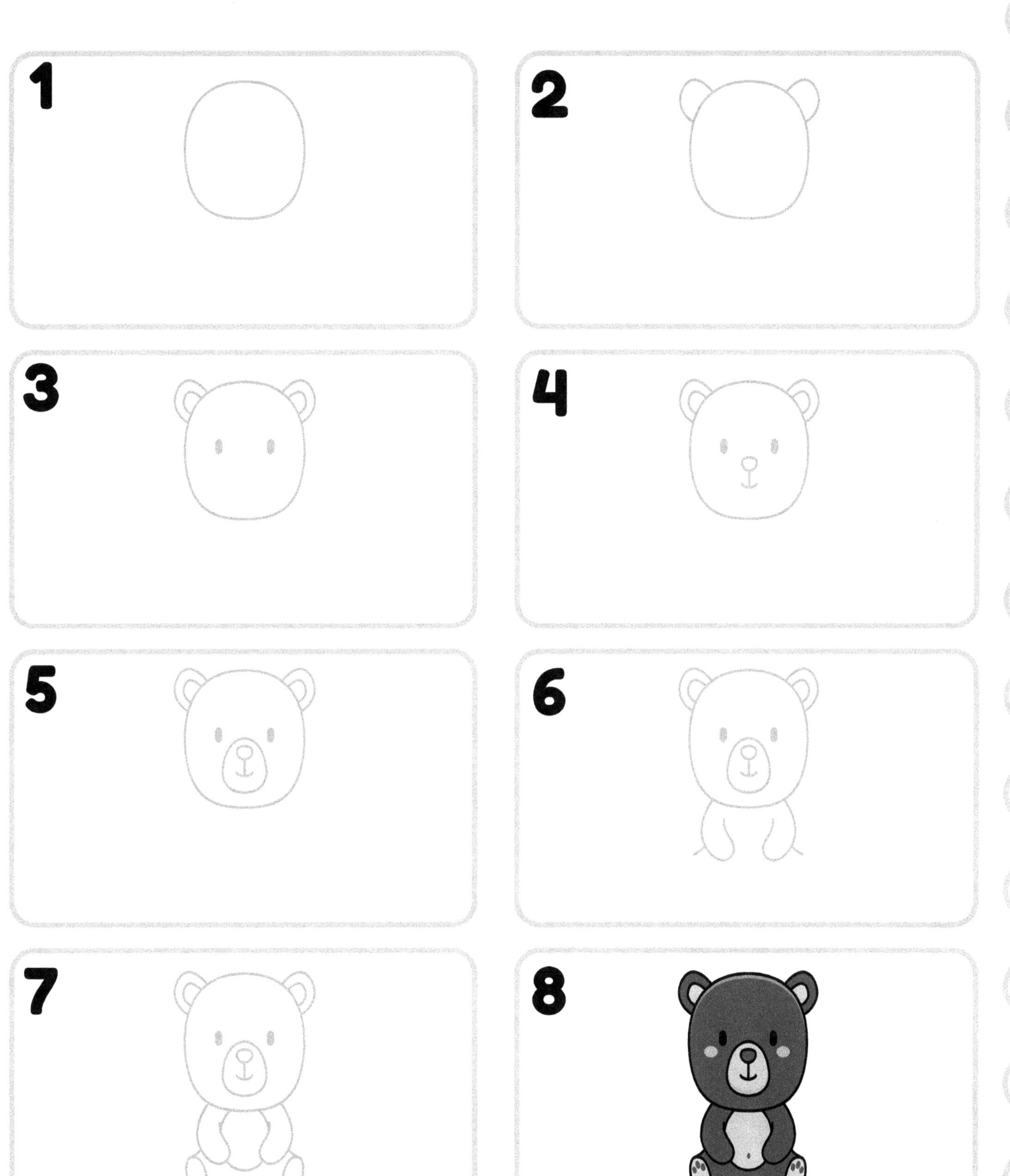

TEST PAGE

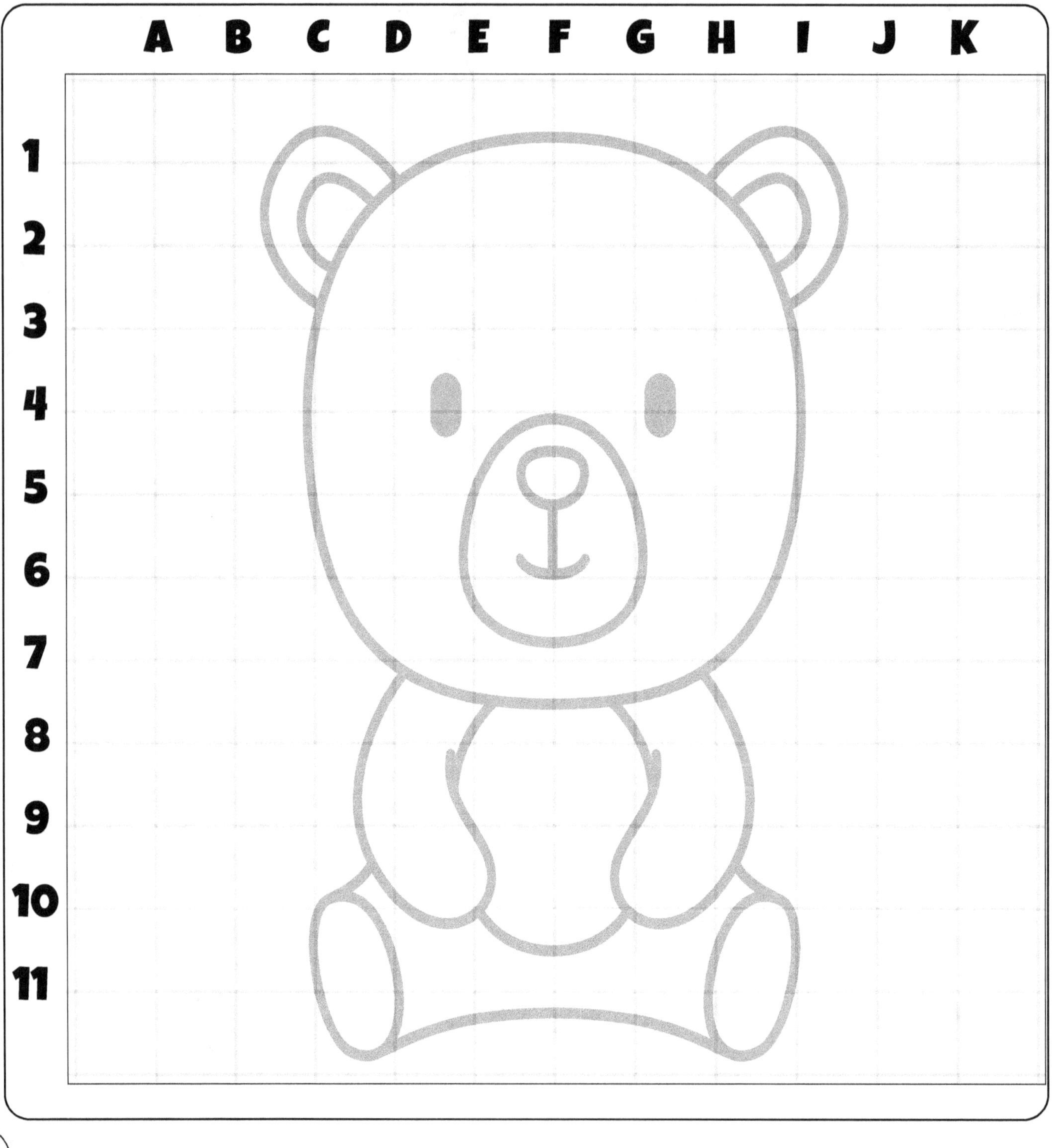

A B C D E F G H I J K

1
2
3
4
5
6
7
8
9
10
11

YOUR TURN

	A	B	C	D	E	F	G	H	I	J	K
1											
2											
3											
4											
5											
6											
7											
8											
9											
10											
11											

Complete and color this picture

How to draw a cat

TEST PAGE

A B C D E F G H I J K

1
2
3
4
5
6
7
8
9
10
11

YOUR TURN

	A	B	C	D	E	F	G	H	I	J	K
1											
2											
3											
4											
5											
6											
7											
8											
9											
10											
11											

How to draw a chicken

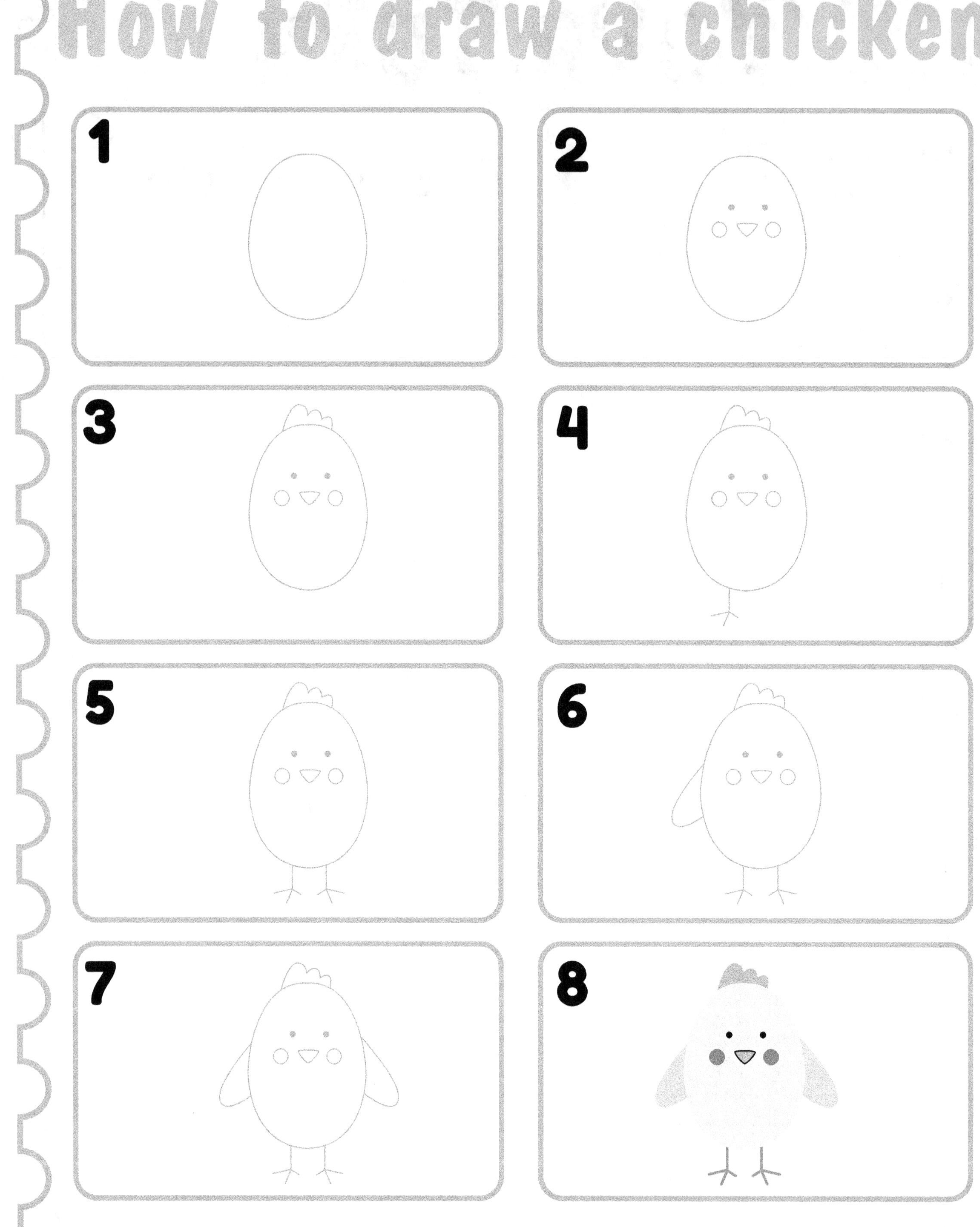

TEST PAGE

A B C D E F G H I J K

1
2
3
4
5
6
7
8
9
10
11

YOUR TURN

	A	B	C	D	E	F	G	H	I	J	K
1											
2											
3											
4											
5											
6											
7											
8											
9											
10											
11											

Step by step fox

1

2

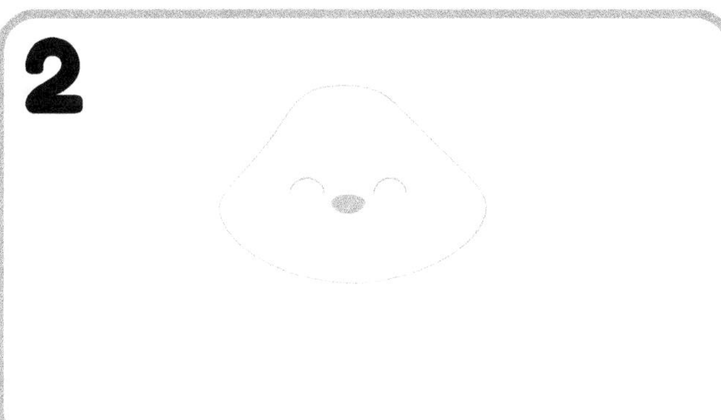

3

4

5

6

7

8

TEST PAGE

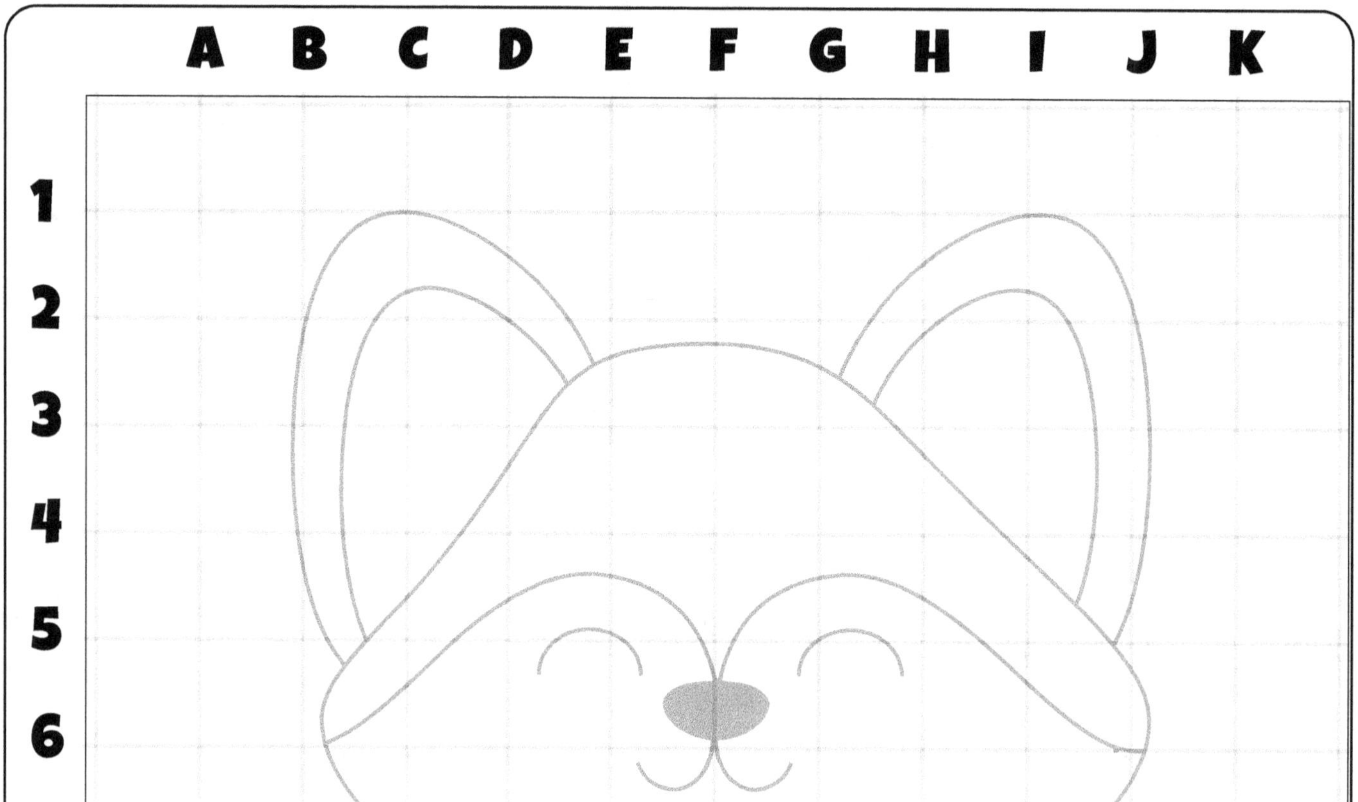

A B C D E F G H I J K

1
2
3
4
5
6
7
8
9
10
11

YOUR TURN

	A	B	C	D	E	F	G	H	I	J	K
1											
2											
3											
4											
5											
6											
7											
8											
9											
10											
11											

Complete and color this picture

Step by step Duck

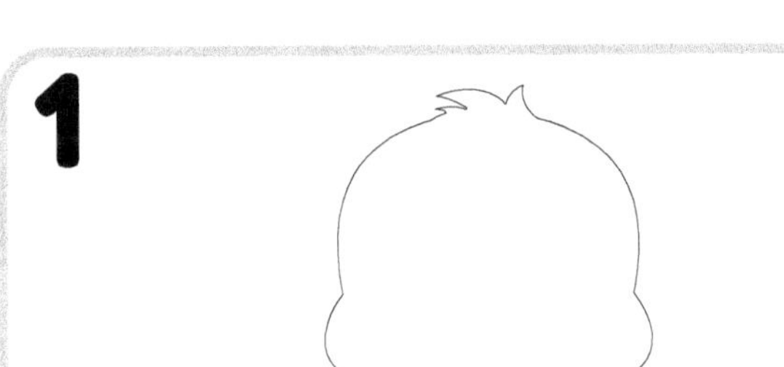

TEST PAGE

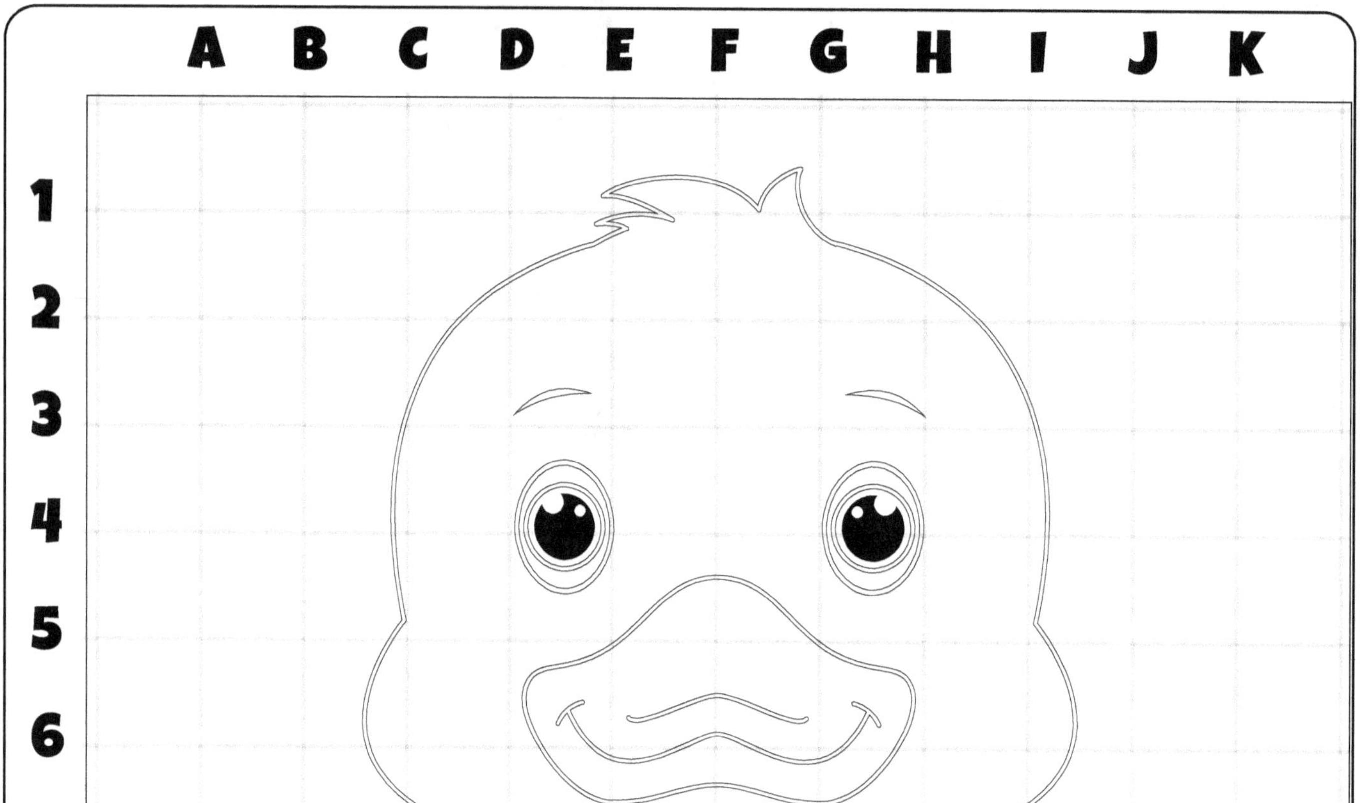

A B C D E F G H I J K

1 2 3 4 5 6 7 8 9 10 11

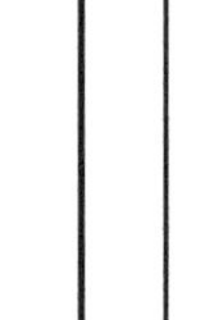

YOUR TURN

	A	B	C	D	E	F	G	H	I	J	K
1											
2											
3											
4											
5											
6											
7											
8											
9											
10											
11											

How to draw a pig

TEST PAGE

A B C D E F G H I J K

1
2
3
4
5
6
7
8
9
10
11

YOUR TURN

	A	B	C	D	E	F	G	H	I	J	K
1											
2											
3											
4											
5											
6											
7											
8											
9											
10											
11											

Step by step fish bowl

1
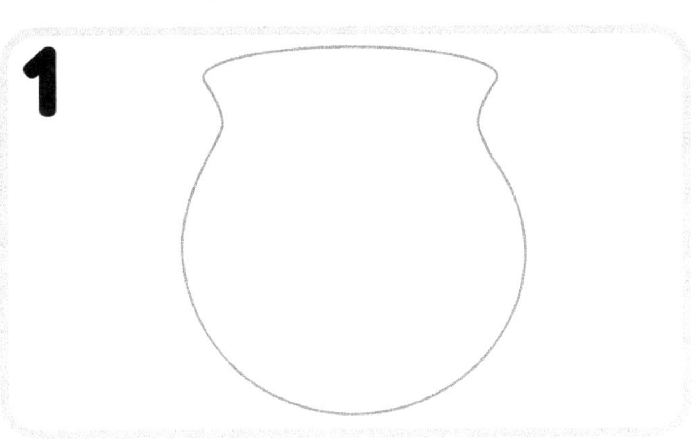

2
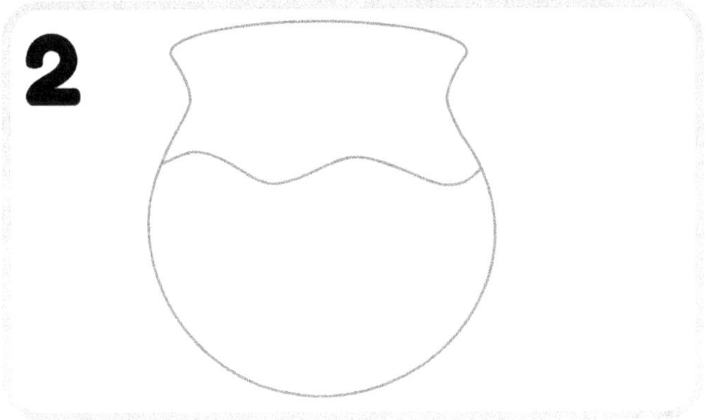

3
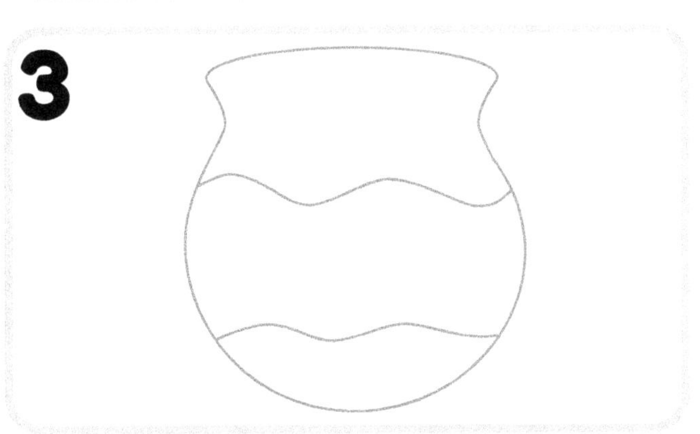

4
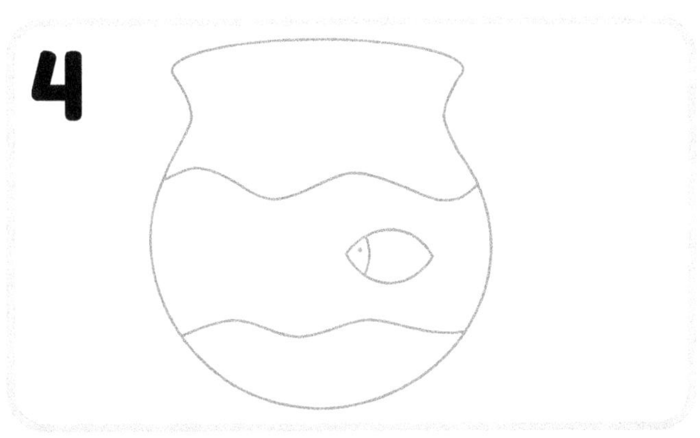

5
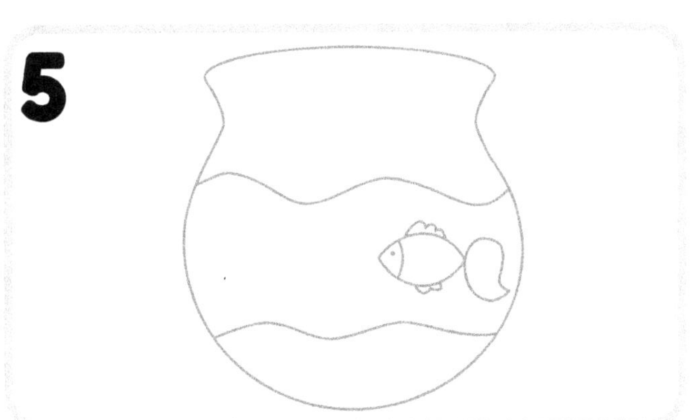

6
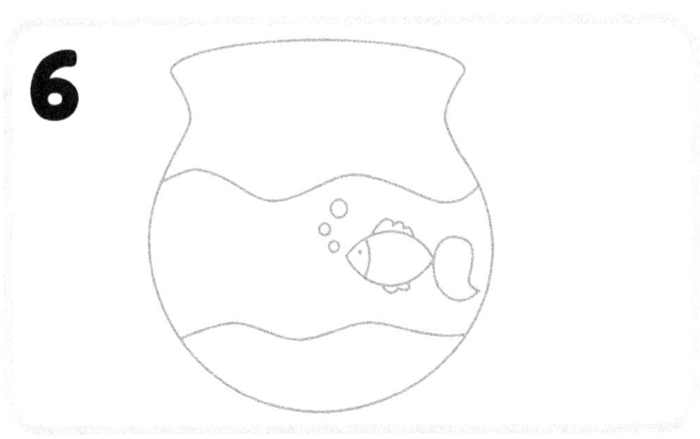

7
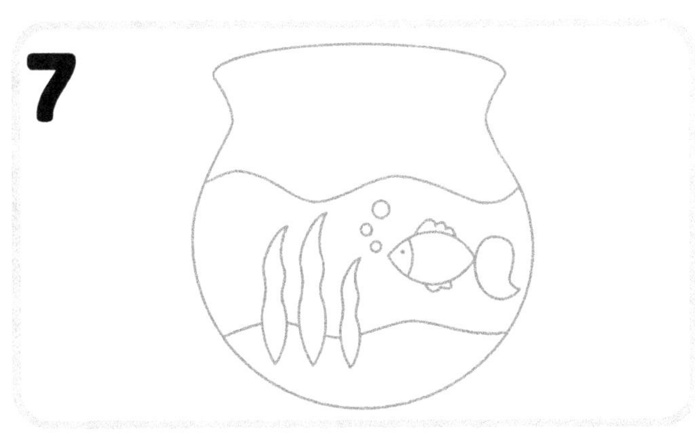

8
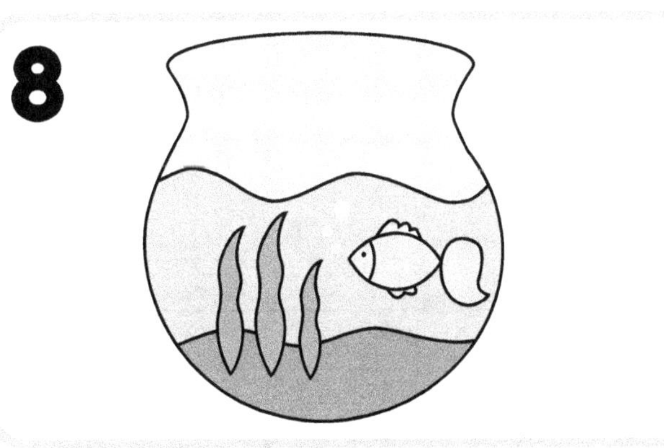

TEST PAGE

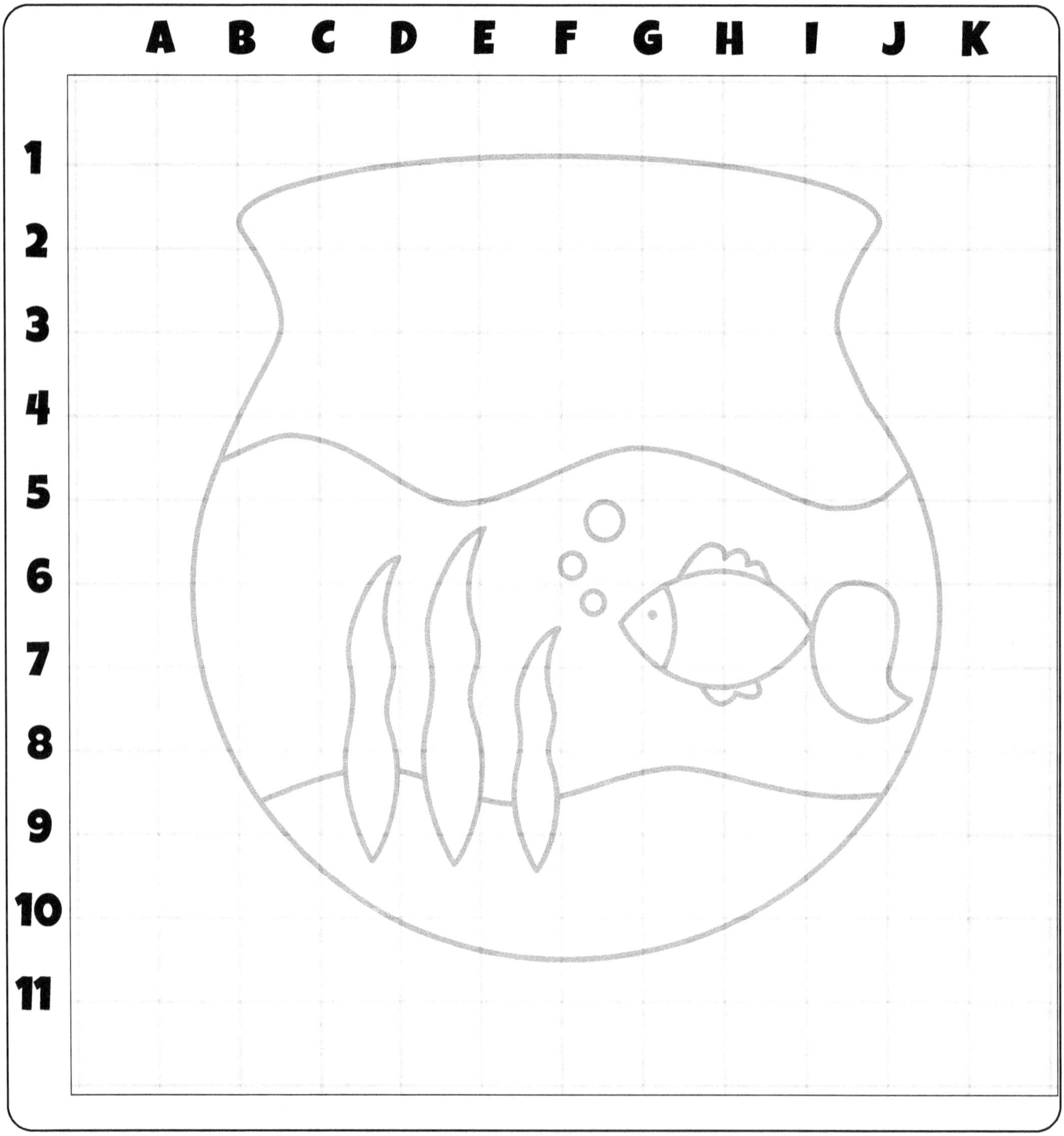

A B C D E F G H I J K

1 2 3 4 5 6 7 8 9 10 11

YOUR TURN

	A	B	C	D	E	F	G	H	I	J	K
1											
2											
3											
4											
5											
6											
7											
8											
9											
10											
11											

Complete and color this picture

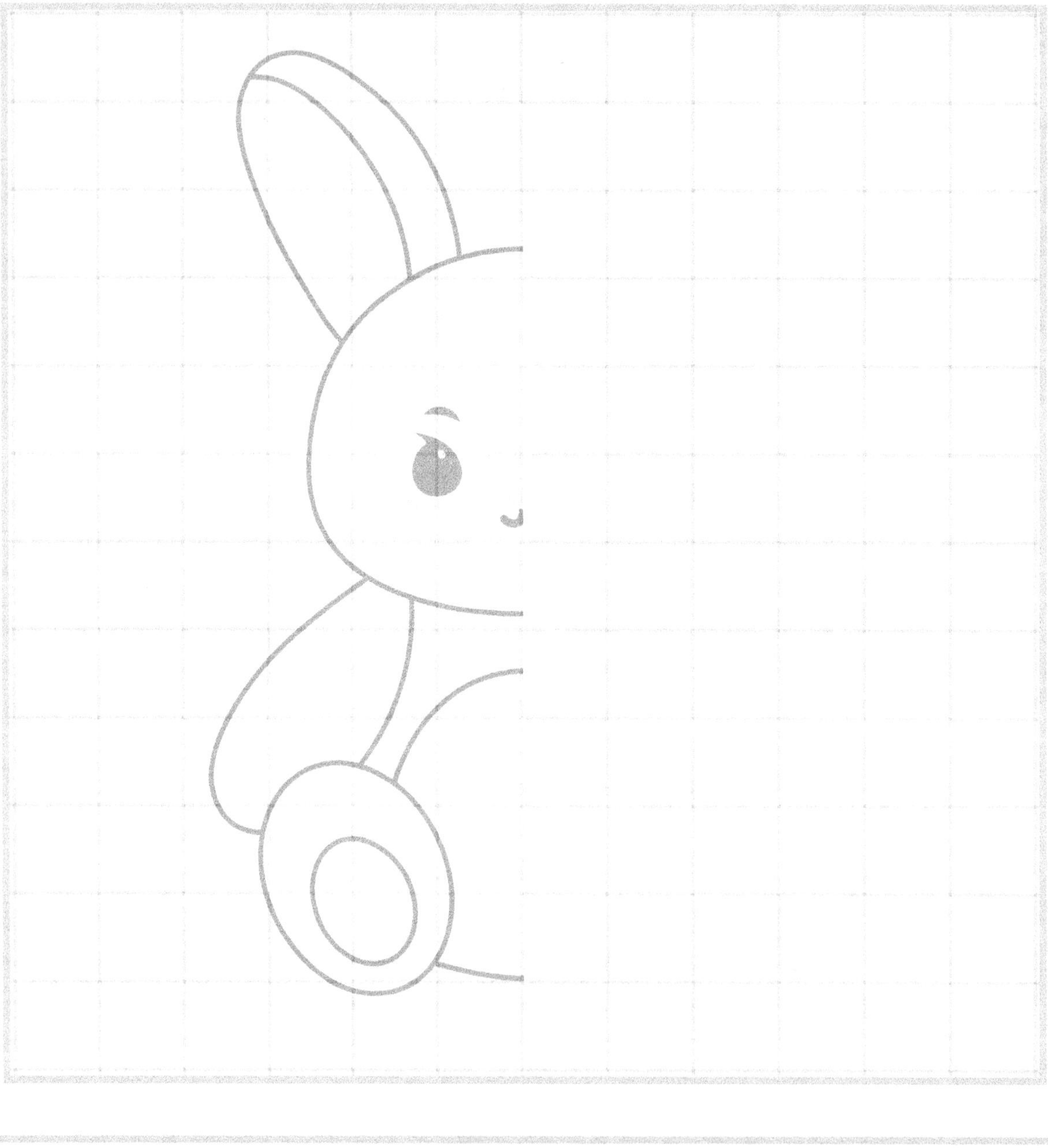

Step by step bunny

TEST PAGE

YOUR TURN

	A	B	C	D	E	F	G	H	I	J	K
1											
2											
3											
4											
5											
6											
7											
8											
9											
10											
11											

Step by step Tulip

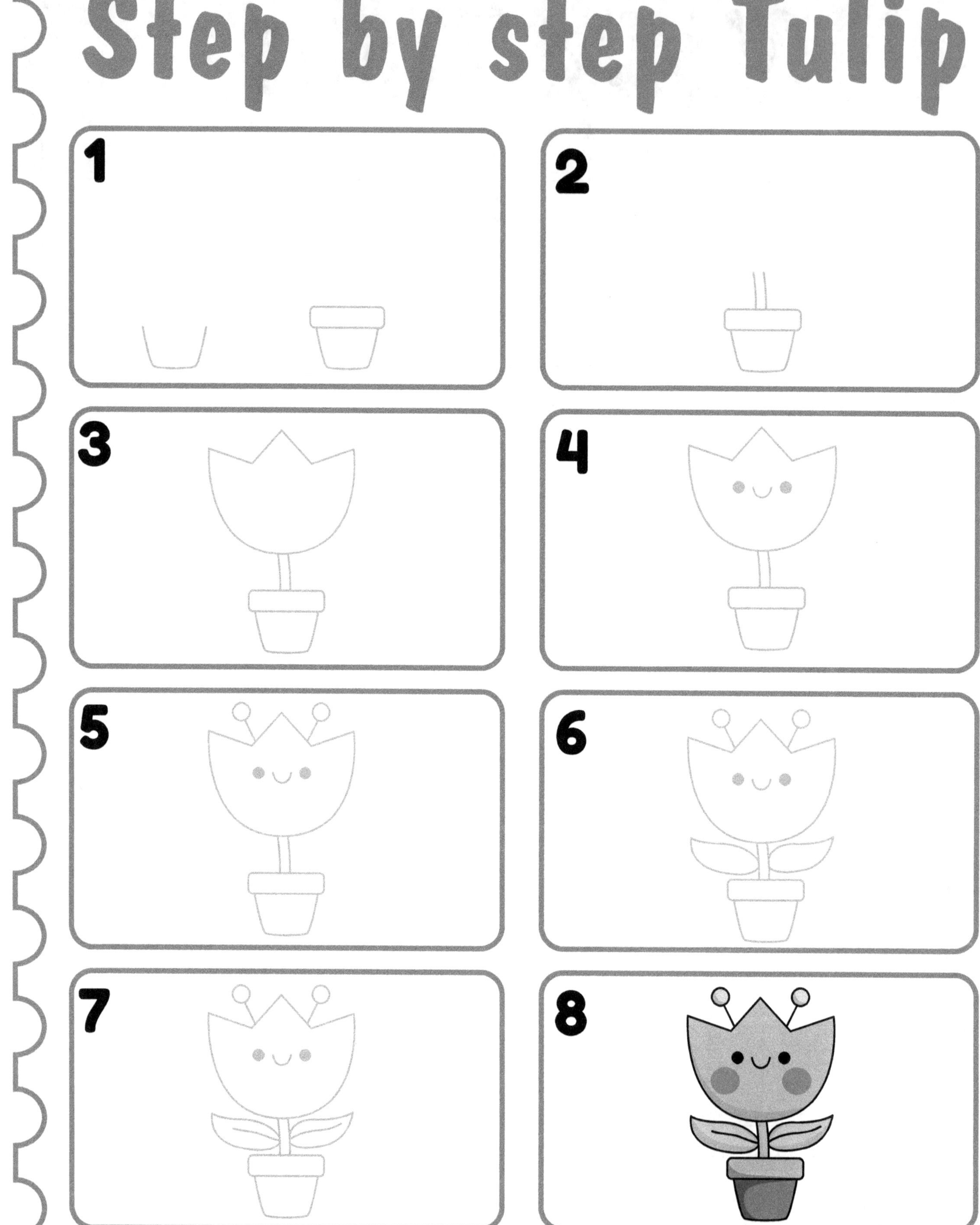

TEST PAGE

A B C D E F G H I J K

1
2
3
4
5
6
7
8
9
10
11

YOUR TURN

	A	B	C	D	E	F	G	H	I	J	K
1											
2											
3											
4											
5											
6											
7											
8											
9											
10											
11											

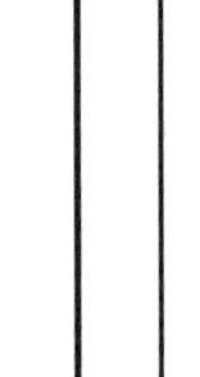

How to Draw
Chubby Rabbit

1

2

3

4

5

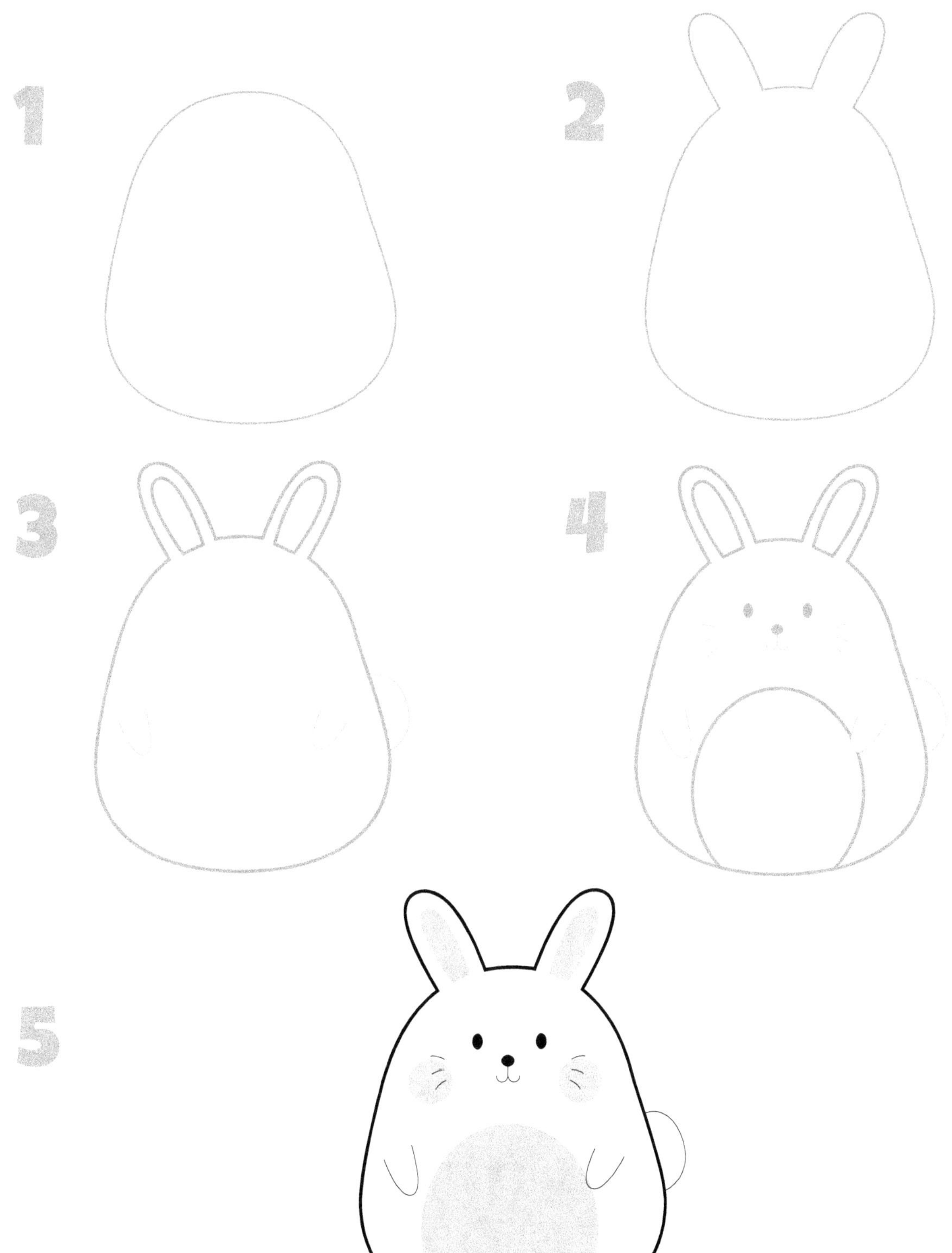

Complete and color this picture

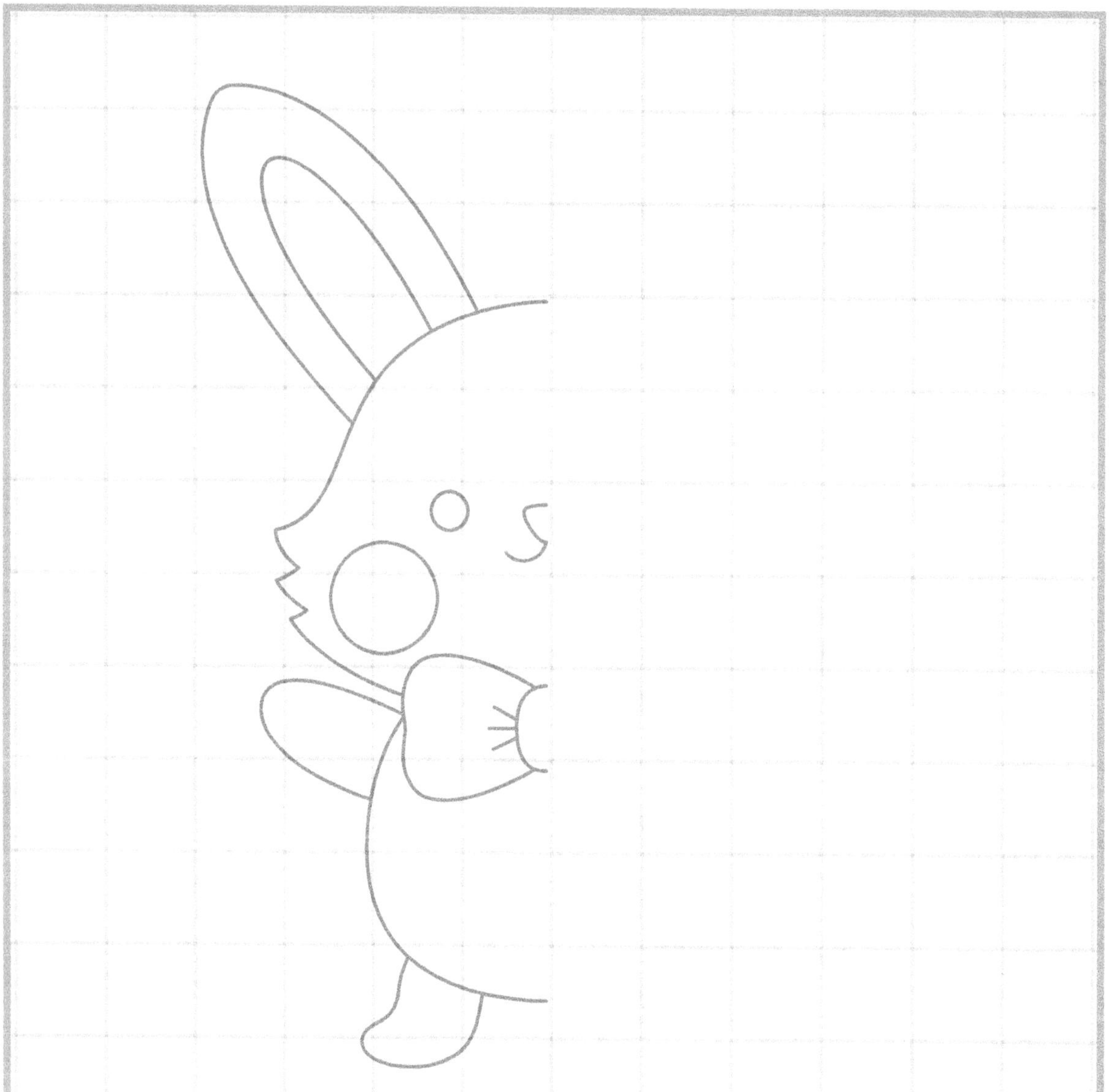

Complete and color this picture

Complete and color this picture

Step by step Snail

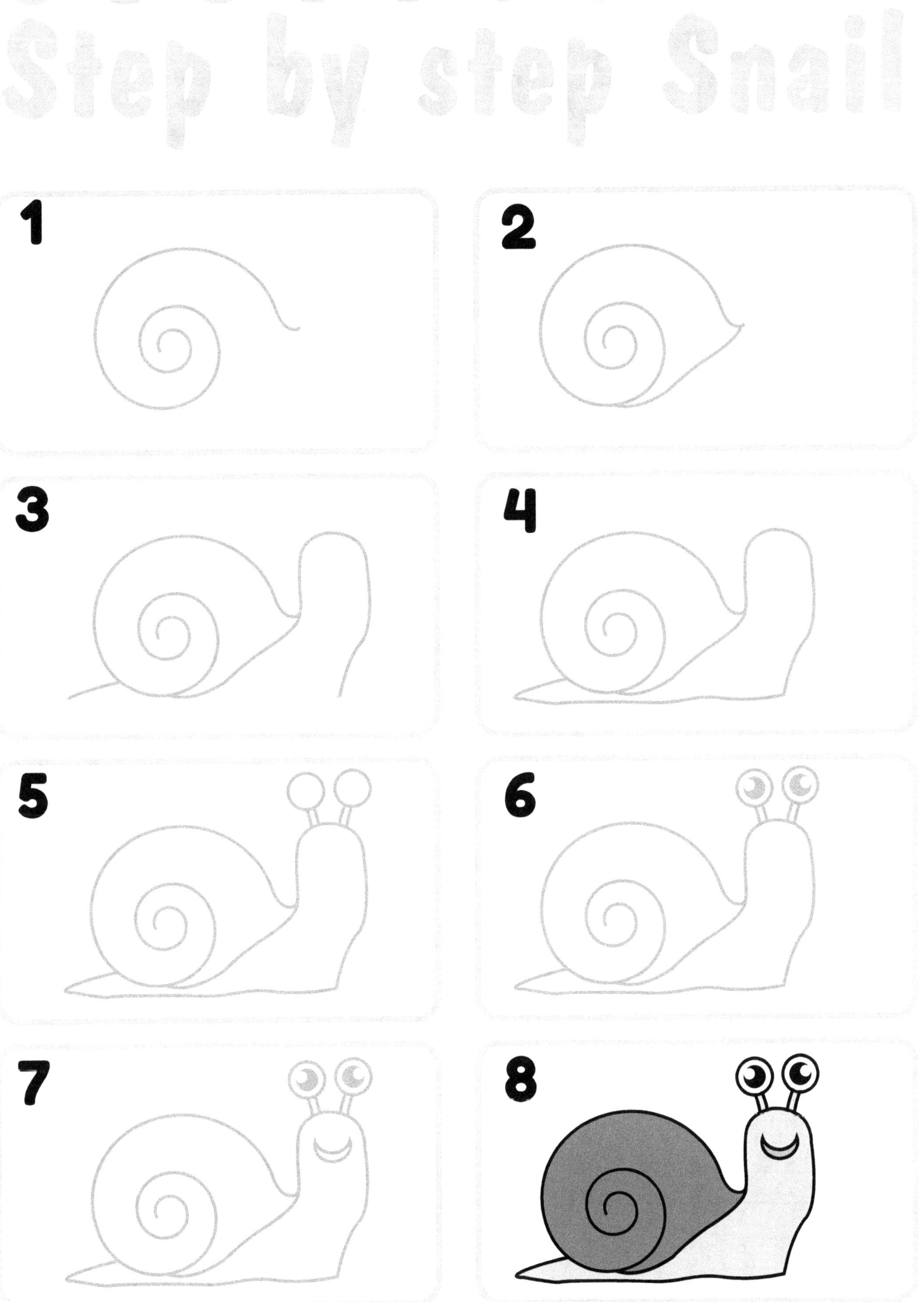

TEST PAGE

A B C D E F G H I J K

1 2 3 4 5 6 7 8 9 10 11

YOUR TURN

	A	B	C	D	E	F	G	H	I	J	K
1											
2											
3											
4											
5											
6											
7											
8											
9											
10											
11											

Step by step Cloud

1

2
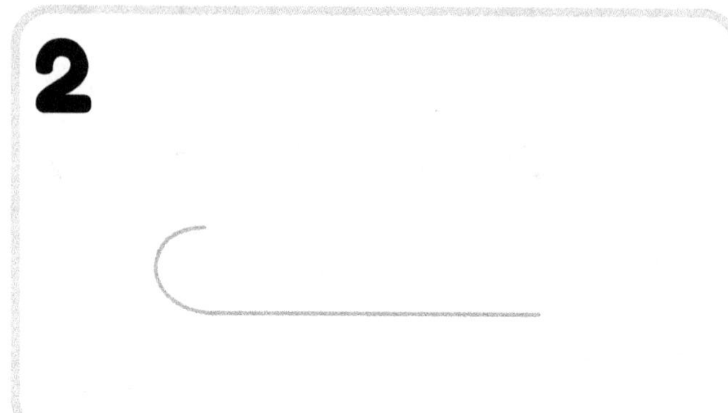

3

4

5

6

7

8

TEST PAGE

A B C D E F G H I J K

1 2 3 4 5 6 7 8 9 10 11

YOUR TURN

	A	B	C	D	E	F	G	H	I	J	K
1											
2											
3											
4											
5											
6											
7											
8											
9											
10											
11											

Trace and Color

Trace and Color

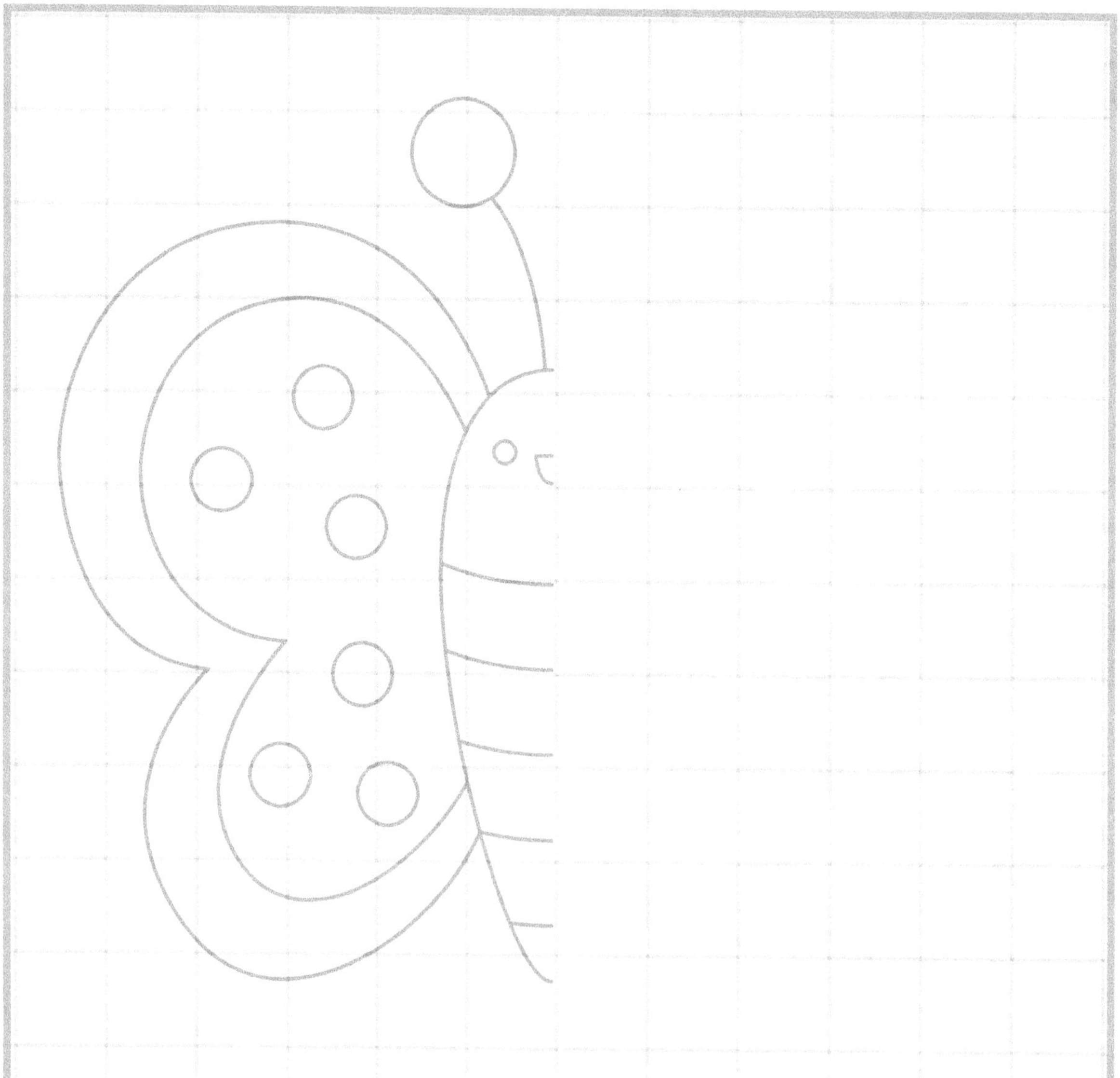

Trace and Color

Trace and Color

How to draw a cute bunny

TEST PAGE

A B C D E F G H I J K

1
2
3
4
5
6
7
8
9
10
11

YOUR TURN

	A	B	C	D	E	F	G	H	I	J	K
1											
2											
3											
4											
5											
6											
7											
8											
9											
10											
11											

Step by step Cow

TEST PAGE

A B C D E F G H I J K

1
2
3
4
5
6
7
8
9
10
11

YOUR TURN

	A	B	C	D	E	F	G	H	I	J	K
1											
2											
3											
4											
5											
6											
7											
8											
9											
10											
11											

Trace and Color

Complete and color this picture

Trace and Color

Trace and Color

THANK YOU